Schauen und Wissen!

Bildnachweis
© animals digital – Th. Brodmann: S. 25 (u. l.)
© blickwinkel – H. Baesemann: S. 23; P. Cairns: S. 22; fotototo: S. 4; R. Guenter: S. 31 (o.); F. Hecker: S. 13, S. 21 (u. l., u. r.), S. 26 (r.), S. 32 (r.); M. Hicken: S. 30 (o.); S. Klewitz-Seemann: S. 5 (u.), S. 7 (r.), S. 9, S. 11 (o. r.), S. 19, S. 33 (l.); W. Layer: S. 25 (o. l.); McPHOTO: S. 2, S. 5 (o. l.), S. 18 (u.), S. 20 (M.), S. 20 (r.), S. 29 (o., u. r.), S. 31 (u.); J. S. Peifer: S. 29 (u. l.); D. u. M. Sheldon: Cover; R. Wilken: S. 5 (u. r.), S. 10, S. 16/17, S. 17; B. Zoller: S. 20 (l.), S. 21 (o. l.)
© iStockphoto – anzeletti: S. 15; apCincy: S. 21 (o. r.); driftlessstudio: S. 24 (l.); edopix: S. 26 (l.); EEI_Tony: S. 8/9; fab82: S. 33 (r.); georgeclerk: S. 6; itakefotos4u: S. 27; karlmikael: S. 25 (u. r.); keiichihiki: S. 11 (o. l., u.); lily_81: S. 32 (l.); mikedabell: S. 30 (u.); Mikosch: S. 28; mtreasure: S. 14 (r.); pong6400: S. 3; ruchos: S. 7 (l.); therry: S. 14 (l.); Ukka_sv: S. 18 (o.); vora: S. 25 (o. r.); westcott: S. 24 (r.)
© Veronika Straaß – S. 34

Originalausgabe

www.hase-und-igel.de
Lektorat: Anna Meißner
Layout: Margit Kick
Illustrationen: Hendrik Kranenberg
Druck: Grafisches Centrum Cuno GmbH & Co. KG

ISBN 978-3-86760-788-9
5. Auflage 2022

Veronika Straaß

Das Huhn

Hase und Igel®

Das Huhn aus dem Urwald

Vögel wollen fliegen – das stimmt fast immer. Aber einige Vögel halten nicht viel davon. Hühner sind zwar Vögel, aber auch überzeugte Fußgänger. Sie suchen ihr Futter zu Fuß, sie suchen sich ihren Nistplatz zu Fuß, sogar vor ihren Feinden flüchten sie, wenn's geht, zu Fuß. Kein Wunder: Dort, wo unsere Hühner herkommen, ist man zu Fuß einfach besser dran. Ihre wilden Vorfahren und Verwandten, die Bankivahühner, leben in Asien nämlich in dichten Urwäldern. Wenn sie sich in Sicherheit bringen müssen, flitzen sie einfach ins Gestrüpp.

Schon vor sehr langer Zeit haben die Menschen die wilden Bankivahühner zu sich geholt. Heute gibt es Haushühner in allen möglichen Farben und Formen. Doch so verschieden sie auch aussehen, sie haben vieles gemeinsam. Hühner fühlen sich nur wohl, wenn sie in Gruppen leben können. Sie tragen nackte, rote Kämme auf dem Kopf und rote Hautlappen unter dem Kinn. Die Hähne mit ihren langen gebogenen Schwanzfedern und dem dichten Federkragen sehen viel prächtiger aus als die Hennen.

Mein Lexikon

Hahn, Henne und Küken:
Das Hühnermännchen heißt *Hahn*, das Weibchen nennt man *Henne*. Und die Jungen der Hühner heißen *Küken*.

Das wilde Bankivahuhn ist der Vorfahre unserer Haushühner.

Mit allen Sinnen

Hühner haben sehr empfindliche Schnabelspitzen. Sie fühlen im Schnabel ungefähr so viel wie wir Menschen in den Fingerspitzen. Beobachte doch einmal ein Huhn bei der Futtersuche. Mit dem Schnabel wird getastet, gestochert und gepickt. Er ist das perfekte Werkzeug für alle Zwecke.

Wenn Hühner herumlaufen und nach Futter suchen, tun sie etwas Merkwürdiges: Sie bewegen ständig ruckartig den Kopf. Warum nur? Die Augen liegen bei Hühnern seitlich am Kopf. Anders als bei uns Menschen ist dadurch der Bereich, den beide Augen gleichzeitig wahrnehmen, sehr klein. Nur in diesem Bereich aber entsteht räumliches Sehen, also ein Sehen „in die Tiefe“, das uns Entfernungen und schnellere Bewegungen richtig einschätzen lässt. Hühner behelfen sich hier mit einem Trick: Sie speichern ein Bild ab, bewegen dann ruckartig den Kopf und speichern auch dieses zweite Bild ab. Ihr Gehirn setzt die beiden Bilder zu einem räumlichen Eindruck zusammen.

Hühner können noch etwas Besonderes: Sie nehmen mit den Füßen feinste Erschütterungen wahr. Sie spüren unter den Zehen, wenn sich ein Feind anschleicht. Und sie fühlen es, wenn ein Regenwurm unter ihren Füßen noch schnell verschwinden will.

Hühner sind kurzsichtig: Sie sehen nur Dinge in ihrer Nähe scharf. Das reicht aber: Scharf sehen müssen sie nur das Korn oder den Regenwurm vor ihren Füßen und die anderen Hühner, die ihnen über den Weg laufen.

Die Ohren des Huhns sitzen als kleine Öffnung jeweils seitlich im Kopf, auf Höhe der Schnabelspitze. Darunter hängt ein roter oder weißer Ohrlappen. Leise Geräusche und auch hohe Töne hören Hühner allerdings sehr schlecht.

Die Augen seitlich am Kopf zu haben, ist auch praktisch: Das Huhn sieht dadurch sogar Bewegungen hinter sich, ohne den Kopf drehen zu müssen.

Warum erstarren Hühner oft im Gehen?
Sie tun das, um nach möglichen Feinden Ausschau zu halten. Manchmal bleiben sie dabei sogar auf einem Bein stehen, ohne umzukippen. Sie haben einen prima Gleichgewichtssinn.

Das Auge isst mit

Wenn wir Menschen herausfinden wollen, ob wir etwas essen möchten oder nicht, dann riechen wir vielleicht daran und kosten ein bisschen davon. Bei einem Huhn ist das anders. Wenn es etwas gefunden hat, das fressbar scheint, schaut es sich zuerst mal die Größe an. Am liebsten ist es ihm, wenn das Bröckchen gerade so groß ist, dass es sich gut im Ganzen herunterschlucken lässt. Außerdem ist dem Huhn die Farbe wichtig. Wenn das Futter dann auch noch glänzt, sich angenehm anfühlt und die Bröckchen nicht kantig, sondern rund oder oval sind, ist ein Huhn zufrieden. Nur eines ist Hühnern komischerweise ziemlich egal: der Geschmack.

Schlaue Frage

Wie kriegen Hühner ihr Futter klein?
Nicht im Mund, sie haben nämlich keine Zähne. Sie schlucken einfach kleine Steinchen beim Fressen mit, zwischen denen im Magen die eingeweichten Getreidekörner zu Brei zerquetscht werden.

Aber warum sind dem Federvieh Farbe und Form so wichtig? Weil kleine, glatte, gelbe Dinger wahrscheinlich Getreidekörner sind! Und die sind für einen Hühnermagen immer richtig. Dass Hühner außerdem Grün mögen, macht ebenfalls Sinn: Sie picken ja auch ganz gerne mal nach Blättchen. Regenwürmer, Maikäfer und andere Kleintiere nehmen sie nebenbei mit. Fressbare Dinge in Blau und Rot aber gibt es in der Hühnerwelt ganz einfach nicht – und was das Huhn nicht kennt, das frisst es nicht.

Für Forscher

Beobachte bei Hühnern mal ganz genau, wie sie ihr Futter suchen: Sie schauen auf eine Stelle am Boden, wo sie etwas Interessantes entdeckt haben. Dann treten sie einen Schritt zurück und blicken scheinbar grundlos in die Ferne, während sie das Futterhäppchen frei scharren. In Wirklichkeit passen sie aber nur auf, dass sie keinen anschleichenden Feind übersehen.

Wer ist hier der Chef?

Wenn Hennen zusammenkommen, die sich noch nicht kennen, geht es zuerst mal gar nicht friedlich zu. Da wird gehackt, gescheucht und gestritten. Doch bald kehrt Ruhe ein und jede Henne weiß, wo ihr Platz in der Herde ist. Die Stärkeren zeigen den Schwächeren mit gesträubten Federn und Schnabelhieben, wer hier das Sagen hat. Die Schwächeren sehen „schüchtern" weg und weichen aus, wenn stärkere Hennen des Weges kommen. Jede weiß nun, wer Vortritt hat und wer sich hinten anstellen muss – ob es ums Futter oder um den besten Schlafplatz geht.

Ganz oben, noch über der mächtigsten Henne, steht der Hahn. Er ist der Chef der ganzen Hühnerschar. Er lockt seine Hennen, wenn er Futter gefunden hat, er hilft ihnen dabei, einen guten Nistplatz zu finden, und er greift auch mal ein, wenn sich seine Hennen gar zu wild zanken. Ein Hahn sorgt für Frieden in der Hennenschar.

Mein Lexikon

Hackordnung:
Starke, selbstbewusste Hennen hacken mit ihren Schnäbeln nach schwächeren, um sie zu vertreiben. Allmählich weiß jede Henne, wo sie steht. Diese Ordnung nennt man *Hackordnung*.

Für Forscher

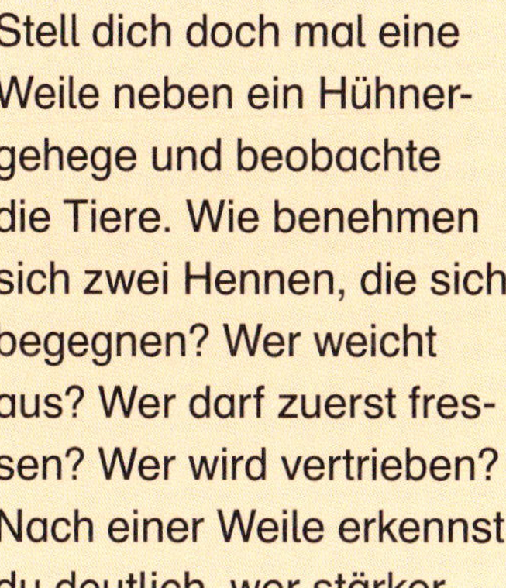

Stell dich doch mal eine Weile neben ein Hühnergehege und beobachte die Tiere. Wie benehmen sich zwei Hennen, die sich begegnen? Wer weicht aus? Wer darf zuerst fressen? Wer wird vertrieben? Nach einer Weile erkennst du deutlich, wer stärker und wer schwächer ist.

Morgens, wenn der Hahn kräht

Schlaue Frage

Warum krähen Hähne so gerne auf dem Misthaufen?
Weil das oft der höchste Platz ringsum ist. Hier fällt der Hahn am meisten auf, wenn er kräht. Und auffallen will er unbedingt! Alle Nachbarhähne sollen ihn sehen und Respekt vor ihm haben.

Hähne haben eine Angewohnheit, über die sich nicht jeder freut: Morgens brechen sie in lautes Krähen aus. Warum tut der Hahn das? Will er die Sonne begrüßen? Will er den Bauern wecken? Nein, seine Rufe sind für alle anderen Hähne in Hörweite gedacht. Sie sollen wissen, dass diese Hühnerschar allein ihm gehört. Und sollte sich ein fremder Hahn einmischen, kann er sich auf Ärger gefasst machen.

Aber was passiert, wenn sich tatsächlich ein Fremdling heranwagt? Der Hausherr stellt sich dem Eindringling zuerst einmal in voller Breite in den Weg, die Federn aufgeplustert, damit er noch größer und kräftiger wirkt, als er schon ist. Und wenn der Fremde nicht nachgibt, gibt es Streit. Die beiden belauern einander und dann greift ganz plötzlich einer an: Wild flatternd springt er in die Luft und schlägt mit seinen Füßen nach dem Gegner. Der andere Hahn weicht schnell aus und greift nun seinerseits an. Eine Weile geht das Geflatter hin und her, doch schließlich ist klar, wer der Stärkere ist. Der Verlierer hat ein paar Schrammen abgekriegt und verdrückt sich eingeschüchtert.

Wenn zwei Hähne in Streit geraten, …

… fliegen schnell die Federn.

Mein Lexikon

Sporn:
Der spitze Dorn, der beim Hahn an der Rückseite des Beins sitzt, heißt *Sporn*. Hähne benutzen ihn beim Kämpfen als Waffe.

Jeden Tag ein Ei

Mein Lexikon

brütig:
Mindestens einmal im Jahr kommt eine Henne in Brutstimmung und will ihre Eier ausbrüten – egal, ob sie sich vorher mit einem Hahn gepaart hat oder nicht. Man sagt dann, die Henne ist *brütig*.

Mein Lexikon

Gelege:
Gelege nennt man alle Eier, die zusammen in einem Nest liegen. Nicht nur Vögel, sondern auch die meisten Reptilien – wie Schlangen oder Eidechsen – legen Eier.

Jedes Kind weiß, dass Hühner Eier legen – unsere Frühstückseier, die der Besitzer der Hennenschar jeden Tag aufsammeln kann und die wir kaufen können. Aber wann entwickeln sich Küken in den Eiern? Nur, wenn sich die Henne vorher mit einem Hahn gepaart hat: Der Hahn überträgt bei der Paarung Samen in die Henne, die in die Eier gelangen, bevor die Henne sie legt. Diese Eier sind dann befruchtet.

Nach so einer Hühnerhochzeit sucht die Henne einen sicheren Platz, wo sie die Eier ausbrüten kann. Dort kratzt sie eine Mulde in den Boden und polstert sie mit Zweigen und Halmen. Fertig ist das Nest!

In das Halmhäufchen legt sie nun jeden Tag ein Ei, mit dem Brüten aber lässt sie sich noch Zeit. Würde die Henne gleich nach dem ersten Ei anfangen, würden die Küken ja an verschiedenen Tagen schlüpfen und allein umherirren, während die Henne noch die übrigen Eier wärmen müsste. Viel zu gefährlich! Erst wenn alle sechs bis acht Eier im Nest liegen, kann's losgehen.

Eine brütende Henne bewegt sich kaum vom Nest weg. Sie sitzt über den Eiern und wendet sie immer wieder mit dem Schnabel. Das Wenden ist wichtig, damit die Eier von allen Seiten gleichmäßig gewärmt werden. Nur zum Fressen und Trinken gönnt sie sich kurze Pausen.

Für Forscher

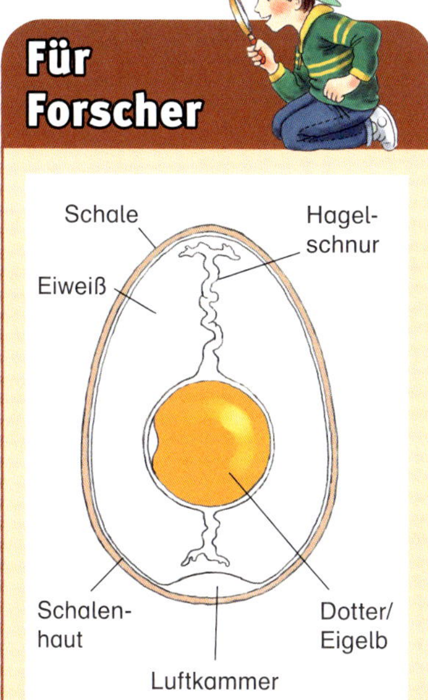

Schlag doch mal ein Hühnerei aus eurem Kühlschrank in eine Schlüssel auf und schau dir alles genau an: Der gelblich-orange Dotter schwimmt im durchsichtigen Eiweiß. Mit ein bisschen Glück erkennst du zwei weiße Schnürchen. Sie halten den Dotter in der Mitte des Eis. In den leeren Eierschalenhälften lässt sich vorsichtig die feine Schalenhaut abziehen. Sie schützt Dotter und Eiweiß noch zusätzlich zur Schale.

Frisch aus dem Ei geschlüpft

Mein Lexikon

Glucke:
Ein Huhn, das brütet oder schon Küken hat, heißt *Glucke*. Der Name ist entstanden, weil die Glucke ihre Küken mit einem Laut lockt, der wie „gluck-gluck-gluck“ klingt.

Mein Lexikon

Eizahn:
Der kleine, harte Höcker, den Küken auf der Schnabelspitze haben, heißt *Eizahn*. Sie brauchen ihn nur, um sich aus der Eierschale herauszuarbeiten. Wenige Tage nach dem Schlüpfen fällt er ab.

Schon ein paar Tage vor dem Schlüpfen geht in den Eiern das Gepiepse los und die Henne antwortet mit beruhigenden Glucklauten. Mutter und Kinder können sich nämlich durch die Eierschalen richtig unterhalten.

Nach ungefähr drei Wochen ist es dann so weit: Die Küken müssen ganz schön hart arbeiten, um aus dem Ei zu schlüpfen. Dafür haben sie ein besonderes Werkzeug: Auf ihrer Schnabelspitze sitzt ein kleiner, harter Höcker. Mit ihm picken sie immer wieder gegen die Eierschale, wobei sie sich um sich selbst drehen. So entsteht ein Kreis aus winzigen Löchern. Nun müssen sie sich nur noch kräftig dagegenstemmen und die Schale bricht an der vorgelöcherten Linie durch.

Noch im Ei lernen die Küken die Stimme der Mutter kennen.

Endlich geschafft! Das geschlüpfte Küken ist noch ganz nass.

Vier Küken sind schon geschlüpft und trocken. Das nächste wird sich gleich aus der Eierschale stemmen.

Ein paar Stunden bleibt das frisch geschlüpfte Küken unter den Flügeln der Henne sitzen. Zuerst muss es trocknen und wieder zu Kräften kommen. Aber schon kurze Zeit später können die Daunenbällchen mit ihrer Mutter losziehen.

Hühnerküken müssen nämlich von ihrer Mutter nicht gefüttert werden. Sie muss ihnen nur zeigen, wo sie etwas Leckeres zu fressen finden. Laufen und picken können sie von Anfang an allein.

Mein Lexikon

Nestflüchter:
Tierarten, deren Junge schon wenige Stunden nach dem Schlüpfen ihren Eltern folgen können, heißen *Nestflüchter*. Die Jungen von Hühnern, Enten und Gänsen sind Nestflüchter.

Kleine Küken werden groß

Die ersten Tage nach dem Schlüpfen sind für die Küken sehr wichtig. In dieser Zeit müssen sie sich nämlich ganz genau merken, wie ihre Mutter aussieht. Nur wenn sie sie von den vielen anderen Hühnern unterscheiden können, wissen sie, wem sie folgen müssen und wer sie beschützt, wenn Gefahr droht. Die Küken lernen von ihrer Mutter, wonach man picken sollte und welche Futtersorten man besser liegen lässt.

Zunächst bleibt die kleine Familie noch in der Nähe des Nestes, aber je älter die Küken werden, desto größer werden die Ausflüge. Anfangs folgen die Kleinen der Mutter, als hingen sie an einem unsichtbaren Faden, doch schon mit zwei Wochen trauen sie sich weiter weg. Wenn die Henne sie ruft, sind die Küken aber sofort wieder bei ihr. Und piepst ein Küken um Hilfe, ist im Nu die Henne zur Stelle – und greift an, wenn's sein muss. Spätestens nach acht Wochen sind die Küken aber so selbstständig, dass sie allein durchs Leben kommen.

Schlaue Frage

Warum sitzen Küken oft unter den Flügeln der Henne?
So schützt eine Vogelmutter ihre Küken vor Kälte und Hitze. Man sagt dazu auch hudern.

Mein Lexikon

Prägung:
Die Dinge, die die Küken in den ersten Tagen lernen – zum Beispiel wie ihre Mutter aussieht und was sie fressen können –, vergessen sie nie wieder. Diese Art zu lernen nennt man *Prägung*.

Ein neues Federkleid

Mein Lexikon

Gefieder:
Alle Federn eines Vogels nennt man *Gefieder.* Man sagt dazu auch Federkleid. Das Gefieder schützt den Vogel vor Kälte und Nässe.

Das Gefieder der Hähne ist immer farbenprächtiger als das der Hennen. Kein Wunder: Er will auffallen, sie will möglichst unsichtbar sein – vor allem, wenn sie Küken hat.

Im Herbst, wenn die Nächte kühler und die Tage kürzer werden, sehen Hühner merkwürdig aus. Sie wirken eigenartig struppig und zerzaust. Aber sie sind nicht krank, sie bekommen neue Federn. Ein ganzes Jahr lang sind sie mit ihnen unter Zweigen durchgelaufen und haben auch mal einen Schnabelhieb abbekommen oder sich die Flügel um die Ohren gehauen. Man sieht es den Federn an, dass sie einiges mitgemacht haben. Nun ist es Zeit für ein neues Federkleid. Weil es etwas dauert, bis die Federn nachgewachsen sind, haben die Hühner jetzt hier und da Lücken im Gefieder.

Während sie ihr Federkleid wechseln, sind die Hühner ruhiger als sonst. Diese Zeit ist anstrengend, sodass viele Hühner jetzt keine Eier legen. Aber nach einem Monat ist alles überstanden und die Hühner sehen wieder aus wie neu.

Hühner in der Mauser sehen zerfleddert aus, aber schon wenige Wochen später sind die neuen Federn nachgewachsen.

Für Forscher

Frag doch mal bei einem Bauernhof nach, ob du die ausgefallenen Federn der Hühner sammeln darfst. Und nun versuche herauszufinden, welche Feder wohin gehört. Welches sind die großen Federn der Flügel? Welche stammen vom Hahnenschwanz? Welche vom Hals oder vom Körper?

Mein Lexikon

Mauser:
Den Wechsel des Federkleids bei Vögeln nennt man *Mauser*. Man sagt dann, die Vögel mausern sich.

Hühner haben viele Feinde

Wenn man Hühner hält, kann es sein, dass sich auch Füchse, Marder und Habichte für sie interessieren. Sie halten die Hühnerschar wahrscheinlich für eine willkommene Mahlzeit. Woher sollen sie auch wissen, dass diese Leckerbissen nicht für sie gedacht sind?

Da hilft nur eins: Gut aufpassen und gut schützen! Nachts müssen die Hühner ins sichere, fest versperrte Hühnerhaus. Tagsüber im Freien brauchen sie Büsche und andere Schlupfwinkel, um sich verstecken zu können. Wenn der Hahn einen Habicht entdeckt, warnt er seine Hennen nämlich mit einem ganz bestimmten Ruf und im Nu sind alle unter den Büschen verschwunden.

Habicht

Marder

Fuchs

Der Habicht ist besonders gefährlich, weil er so plötzlich aus der Luft auftauchen kann.

Der Marder hat ein Ei erbeutet …

… und lässt es sich schmecken.

Wenn's sein muss, können Hühner übrigens ganz schön mutig sein: Wenn ein Fuchs den Hennen zu nahe kommt, kann er richtig Ärger mit dem Hahn bekommen. Und wenn eine Katze sich an die Küken anschleicht, bekommt sie es mit einer wütenden Mutter zu tun, die ihre Kleinen todesmutig verteidigt.

Schlaue Frage

Warum schlafen Hühner auf der Stange?
Die wilden Vorfahren unserer Hühner suchten sich nachts immer einen Schlafplatz weit weg vom Boden. Nur hier oben waren sie vor Feinden einigermaßen sicher. Noch heute wollen Hühner nicht auf dem Boden schlafen, sondern flattern abends im Hühnerstall nach oben – am liebsten auf die höchste Stange.

Dummes Huhn, oder was?

Wenn ein Huhn eine gute Futterstelle gefunden hat, sagt es auch den anderen Bescheid.

Die meisten Leute glauben, dass ein Tier, das mit leerem Blick im Misthaufen herumstochert und ständig vor sich hingackert, nur dumm sein kann. Wie dumm von *uns*! Forscher haben inzwischen nämlich herausgefunden, dass Hühner eine Menge im Kopf haben.

Hühner lernen aus Erfahrung. Sie merken sich zum Beispiel sehr genau, welches Futter ihnen bekommt und welches nicht. Sie teilen sich auch gegenseitig mit, wo es etwas Leckeres zu fressen gibt und um welche Sorte es genau geht. Außerdem führen Hühner mit ihrem Gegacker untereinander richtige Unterhaltungen. Forscher konnten ungefähr 30 verschiedene Warn-, Gluck- und Locklaute unterscheiden.

Doch das ist noch längst nicht alles: Hühner können sich Kleinigkeiten genau einprägen. Ein Huhn kann bis zu 100 verschiedene andere Hühner unterscheiden – an kleinsten Unterschieden im Gesicht, in der Körperhaltung und in der Stimme.

Für Forscher

Hast du schon mal Hühnern zugehört? Wenn du die Ohren spitzt, merkst du bald, dass sie nicht einfach nur gackern. Sie können gurren, „singen“, glucken, alarmieren … Wie viele verschiedene Laute kannst du unterscheiden?

Wer so aussieht, der muss dumm sein? Da irren wir uns gewaltig!

Kein Huhn wie das andere

Früher züchteten die Menschen Hühner, die möglichst viele Eier legen konnten oder möglichst schnell groß und dick wurden, damit man ihr Fleisch bald essen konnte. Heute sind auch noch andere Dinge wichtig. Viele Leute haben Hühner, weil es ihnen Freude macht, sie zu beobachten, oder weil sie Hühner einfach hübsch finden. Es gibt fast 200 Hühnerrassen: kleine und große, friedliche und rauflustige, ruhige und lebhafte, weiße, braune, gestreifte und gescheckte. Wer Hühner halten möchte, hat eine riesige Auswahl!

Die Rasse **Leghorn** ist berühmt dafür, dass die Hennen besonders viele Eier legen. Bis zu 200 Eier schafft eine Henne pro Jahr! Hahn und Henne haben beide ein schneeweißes Gefieder. Der Kamm und die Kehllappen sind tiefrot.

Die **Seidenhühner** sind eine uralte Rasse und kommen aus China. Weil sie mit ihren fransigen Federn aussehen wie große, weiße Plüschkugeln, glaubten die Leute früher, sie seien eine Kreuzung aus Huhn und Kaninchen. Seidenhühner haben schwarze Haut.

Vorwerkhühner sind mit ihrem goldgelbem Gefieder und den schwarzen Schwänzen und Köpfen wunderschöne Tiere. Sie nehmen schnell zu und die Hennen legen bis zu 170 Eier im Jahr – richtige Alleskönner!

Das **Lachshuhn** hat seinen Namen bekommen, weil die Federn der Henne lachsfarben sind. Der Hahn dagegen hat nur einen lachsfarbenen Kragen und schillert ansonsten schwarz-grünlich. Beide haben dazu noch einen Federbart unterm Kinn.

Die **Appenzeller Spitzhaube** trägt einen lustigen Federbusch oben auf dem Kopf, der ein bisschen aussieht wie die Haube der Sonntagstracht aus Appenzell in der Schweiz. Außerdem haben diese Hühner zwei witzige Hörnchen auf dem Kopf.

Brahma-Hühner haben sogar noch auf den Zehen Federn! Sie sehen aus, als hätte man ihnen dicke Winterstiefel angezogen. Brahmas sind die Riesen unter den Hühnern. Sie werden vor allem wegen ihres Fleisches gehalten.

Wie wollen Hühner leben?

Was brauchen Hühner, um glücklich zu sein? Genug Futter und Wasser? Das ist natürlich wichtig, aber ein sattes Huhn ist noch lange nicht glücklich. Hühner wollen sich nicht einfach nur den Bauch vollschlagen, sie wollen sich Grassamen, Käfer, Regenwürmer und Grünzeug selbst zusammensuchen und dabei zu Fuß weit umherstreifen. Außerdem wollen sie das Futter nicht einfach nur auflesen, sondern es aus der Erde und der Streu herausscharren. Mit anderen Worten: Sie wollen sich beschäftigen und nicht gelangweilt herumsitzen, bis es Zeit für die nächste Fütterung ist.

Wenn man sich mit seinen Hühnern beschäftigt, können sie zahm werden wie Katzen!

Schlaue Frage

Warum baden Hühner im Staub?

Hühner haben oft Milben im Gefieder – winzige Quälgeister, die sie jucken und ärgern. Wenn die Hühner sich im Staub oder Sand baden und einpudern, werden diese Milben vertrieben. Staubbaden ist für Hühner das Gleiche wie für uns eine warme Badewanne. Einfach toll!

Nachts brauchen Hühner einen sicher verschlossenen Stall, in dem sie schlafen. Auch brütende Hennen ziehen sich hierher zurück.

Scharren, laufen, Futter suchen – all das wollen Hühner unbedingt *gemeinsam* tun. Ein Huhn allein ist unglücklich, aber auch ein Huhn in einer riesigen Hühnerherde fühlt sich verloren. Nur in einer kleinen Hühnerschar ist ein Huhn zufrieden und fühlt sich sicher.

Schlaue Frage

Warum sagt man, dass jemand „mit den Hühnern schlafen geht"?
Hühner fühlen sich nur dann sicher, wenn sie in ihrem Stall auf ihrer Sitzstange hocken können, lange bevor es dämmrig wird. Wenn jemand sehr früh ins Bett geht, noch bevor es Nacht geworden ist, sagt man deshalb, er geht mit den Hühnern schlafen.

Glückliche Hühner

Mein Lexikon

Bio-Lebensmittel:
Eier, Fleisch, Milch, Obst, Gemüse und viele andere Lebensmittel, die von Tieren und Pflanzen kommen, die so leben und wachsen dürfen, wie es für sie selbst und für die Umwelt am besten ist, sind *Bio-Lebensmittel*. Im Supermarkt sind sie besonders gekennzeichnet.

Am schönsten wäre es, wenn jeder selbst Hühner halten könnte. Dann wüsste man genau, dass sie alles für ein glückliches Hühnerleben haben. Aber Hühner brauchen nun mal mehr Platz und kosten mehr Zeit, als die meisten Menschen haben.

Eines aber kann jeder tun: darauf achten, woher die Brathähnchen und Eier stammen, die er kauft. Beides sollte möglichst von Bauernhöfen kommen, wo die Tiere ein schönes Leben hatten. Zwar sieht ein Ei aus wie das andere, aber auf jedes ist eine Reihe aus Zahlen und Buchstaben gestempelt, aus der man genau ablesen kann, woher es kommt.

Ist die erste Zahl eine „0“, kommt das Ei aus einem Biobetrieb. Die Hühner haben dort genügend Platz und können im Stall und im Freien so leben, wie es ihnen gefällt. Auch die „1“ bedeutet, dass die Hühner Auslauf im Freien haben. Aber sie müssen sich den Platz mit mehr Artgenossen teilen. Ist die erste Zahl eine „2“, leben die Hühner in einer großen Halle. Sie können zwar am Boden scharren, kommen aber nie ins Freie. Sie werden dann oft streitlustig und verletzen sich gegenseitig.

Was bedeutet der Code auf dem Ei?

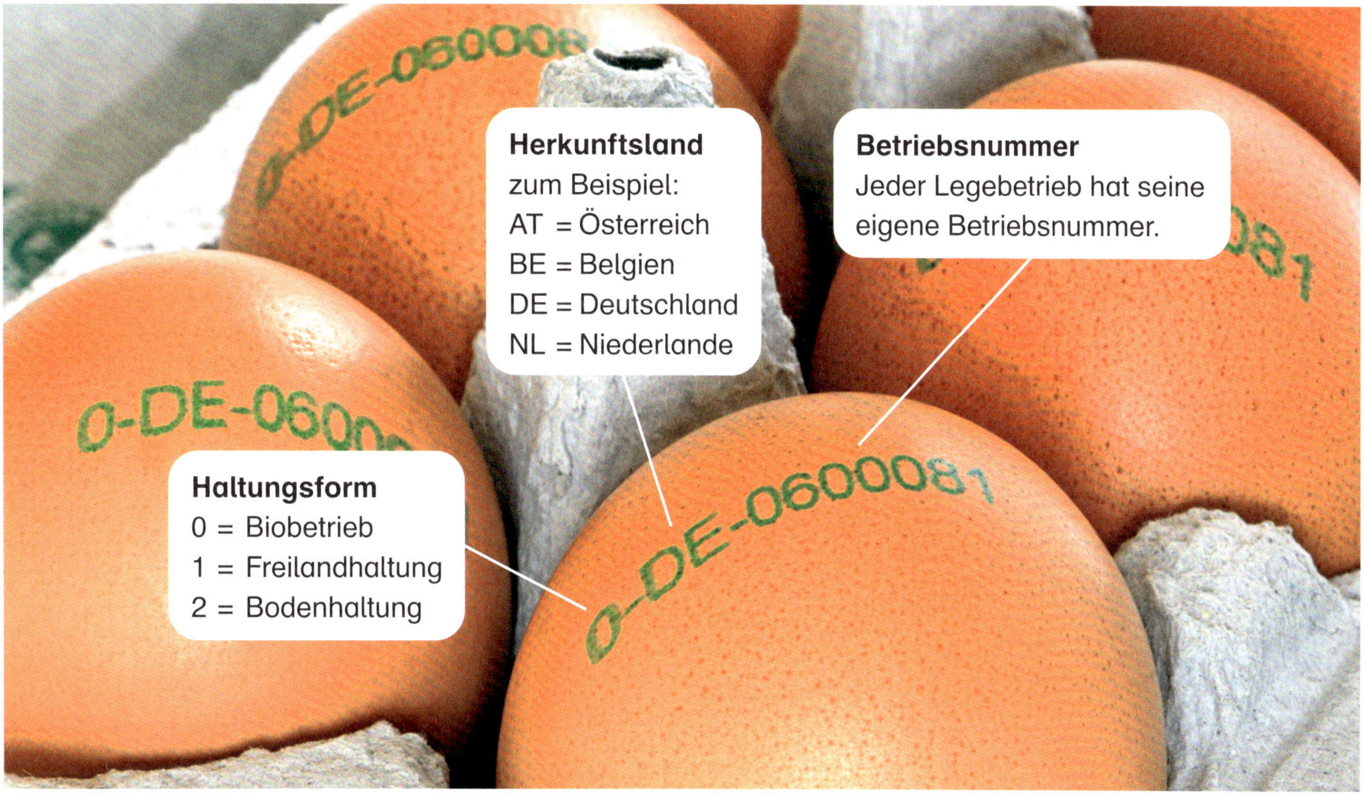

Herkunftsland
zum Beispiel:
AT = Österreich
BE = Belgien
DE = Deutschland
NL = Niederlande

Betriebsnummer
Jeder Legebetrieb hat seine eigene Betriebsnummer.

Haltungsform
0 = Biobetrieb
1 = Freilandhaltung
2 = Bodenhaltung

Mit einer „1“ auf der Eierschale leben die Hühner in Freilandhaltung.

Die Eier dieser Hühner bekommen eine „2“ auf die Schale gestempelt: Sie leben in Bodenhaltung.

Wilde Verwandtschaft

Mit einigen Verwandten kann das hübscheste Huhn nicht mithalten. Ist der **Pfau** nicht bildschön? Der Hahn trägt ein leuchtend blaues Federkleid, auf seinem Kopf sitzt ein kleines Federkrönchen und jede Schwanzfeder trägt ein wundervolles Augenmuster. Um sein Weibchen zu beeindrucken, stellt er die Schwanzfedern zu einem riesigen Fächer auf.

Der **Fasanen**hahn ist knallbunt. Wenn er in Hochzeitsstimmung ist, schlägt er gewichtig mit den Flügeln und ruft besonders laut in alle Welt hinaus, dass nur er hier der Chef ist. Fasanenweibchen dagegen sind völlig unscheinbar. Mit ihrem braun gemusterten Gefieder sind sie im Gras und auf dem Feld fast nicht zu sehen – und das ist gut so, wenn sie brüten oder Junge haben.

Auch für das **Rebhuhn** ist nicht Schönheit, sondern vor allem Tarnung wichtig. Wenn es einen Feind kommen sieht, drückt es sich flach auf den Boden und rührt sich nicht. Mit seinem braun-gelb-grau gemusterten Gefieder ist das Rebhuhn dann kaum zu sehen. Erst wenn es gar nicht anders geht, fliegt es im letzten Moment davon.

Die **Wachtel** ist das kleinste Wildhuhn, das es bei uns gibt. Sie wird nicht größer als ein Star. Wer die Ohren spitzt, kann die kleinen Hühnchen in Getreidefeldern oder Wiesen rufen hören. Das klingt so ähnlich wie „pick-werick“. Zu sehen bekommt man Wachteln aber nur selten: Mit ihrem raffinierten Muster aus Streifen und Tupfen sind sie kaum zu sehen, wenn sie sich nicht bewegen.

Interessantes zum Huhn

Wie viele Eier legt ein Huhn im Jahr?

Ein normales, tüchtiges Huhn legt im Jahr 180 bis 200 Eier. Die besten Legehennen schaffen es sogar, jeden Tag ein Ei zu legen. Nur während der Mauser machen sie eine Pause. Die wilden Bankivahühner legen nur ein- oder zweimal im Jahr Eier, wenn sie Küken aufziehen wollen.

Wer war zuerst da: das Huhn oder das Ei?

Das Ei! Das waren allerdings keine Hühner- oder Vogeleier, denn die hätten – logisch – zuerst von Vögeln gelegt werden müssen. Aber lange zuvor gab es schon Dinosaurier, die Eier legten. Aus den Flugsauriern entwickelten sich die Vögel.

Wie alt kann ein Huhn werden?

Ein Huhn, das glücklich lebt, herumlaufen, im Boden scharren und sich sein Futter zusammensuchen kann, wird bis zu neun Jahre alt. Hühner, die so gezüchtet sind, dass sie fast jeden Tag ein Ei legen müssen, sind oft schon mit zwei oder drei Jahren völlig geschwächt.

Warum gibt es weiße und braune Eier?

Ob ein Huhn weiße oder braune Eier legt, hängt davon ab, ob bei ihm von Geburt an ein bestimmter Farbstoff vorhanden ist oder nicht. Ein Huhn legt also sein Leben lang weiße oder braune Eier. Die Farbe seiner Federn ist dabei übrigens total egal!

Die Autorin

Veronika Straaß ist Diplom-Biologin und als Autorin, freie Journalistin, Übersetzerin und Lektorin tätig. Sie hat bereits zahlreiche Bücher und Zeitschriftenartikel für Kinder und Jugendliche verfasst. Es ist ihr wichtig, den jungen Lesern die Natur vor unserer Haustür näherzubringen. In ihrer Freizeit beschäftigt sie sich gerne mit ihrer Eurasier-Hündin Luna.